www.ingramcontent.com/pod-product-compliance
Lightning Source LLC
Chambersburg PA
CBHW070336190526
45169CB00005B/1916
9781535107006